AF227264

NOTICE GÉNÉALOGIQUE

SUR LA

MAISON D'HONDSCHOOTE

PAR

A. BONVARLET et L. BOULY de LESDAIN

LILLE

IMPRIMERIE VICTOR DUCOULOMBIER

78, rue de l'Hôpital-Militaire, 78

1897

NOTICE GÉNÉALOGIQUE

SUR LA

MAISON D'HONDSCHOOTE

NOTICE GÉNÉALOGIQUE

SUR LA

MAISON D'HONDSCHOOTE

PAR

A. BONVARLET et L. BOULY de LESDAIN

LILLE

IMPRIMERIE VICTOR DUCOULOMBIER

78, rue de l'Hôpital-Militaire, 78

—

1897

NOTICE GÉNÉALOGIQUE

SUR LA

MAISON D'HONDSCHOOTE

PAR

A. BONVARLET et L. BOULY de LESDAIN

Le nom d'Hondschoote est peut-être un de ceux sur lesquels s'est le plus exercée, même au XVIII⁰ siècle, la fantaisie des écrivains. Nous n'avons pas relevé moins de dix-sept manières de l'écrire, outre la bonne; on trouve Hondescote, Hondscote, Honscote, Honschote, Hontschote, Hontscote, Hontscot, Hontscotte, Honscot, Hondschote, Hondtschote, Hondtscote, Hunschot, Hansecotte, Handecorte, Hantschook, Hondricotte. Nous ne rapportons ici qu'un certain nombre des variantes rencontrées par nous ; si nous voulions poursuivre cette fastidieuse énumération et y joindre les variantes latines, nous dépasserions probablement la quarantaine.

Il est commun à plusieurs fiefs du nord de la France ou du midi de la Belgique. On trouve notamment une seigneurie d'*Hondescote* à Ablain (canton de Vimy, arrondissement d'Arras) (1), une seigneurie d'*Hondes-cotte*-les-Souchez (2), une seigneurie d'*Hondschoote* à

(1) *Dictionnaire historique et archéologique du département du Pas-de-Calais. Arrondissement d'Arras*, t. II, p. 225.

(2) Saint-Allais, *Nobiliaire universel*, t. IX, p. 2.

Menin (1) une autre encore à Zillebeke (arrondissement et canton d'Ypres) (2). Celle dont nous venons ici dire un mot, et qui relevait de la Cour féodale du Perron de Bergues, était située dans l'arrondissement de Dunkerque.

Au moment où éclata la Révolution, elle appartenait à la famille Coppens qui l'avait acquise, quarante ans auparavant, du prince de Hornes. Elle était entrée dans cette maison au commencement du XVe siècle, par le mariage d'Arnould de Hornes avec Jeanne d'Hondschoote, dernière héritière de ses premiers seigneurs.

La généalogie de ceux-ci ne paraît pas avoir été jamais dressée d'une manière complète. On en trouve un fragment, parfois inexact, dans l'*Histoire généalogique de la Maison de Béthune* de du Chesne (3) ; pour le reste, on en est réduit à des mentions éparses soit dans les chroniqueurs, soit dans l'histoire des familles avec lesquelles ses membres ont pris alliance. Nous allons essayer de coordonner ici ces débris : ils présentent malheureusement des lacunes qui ne permettent pas de fournir un travail complet et obligent à se renfermer dans une simple esquisse. La confusion souvent faite entre la maison d'Hondschoote et celle d'Hondecoutre vient encore augmenter la difficulté.

Chose curieuse, les armes mêmes de notre maison ont été inexactement décrites par d'anciens et estimables auteurs. L'Espinoy (4) et Van Waernewyck (5) lui font

(1) Pinault, *Recueil d'arrêts notables du Parlement de Tournay*, t. II, p. 61 ; Stein d'Altenstein, *Annuaire de la Noblesse de Belgique*, 1868, pp. 105 et 106.

(2) Sanderus, *Flandria Illustrata*, t. II, p. 378. Ces différentes seigneuries ont toutes vraisemblablement dû leurs noms à leurs possesseurs sortis de la maison d'Hondschoote au pays de Bergues.

(3) Pp. 298 et suiv..

(4) *Recherche des Antiquités et Noblesse de Flandres*, p. 138.

(5) *Historie van Belgis*, p. 106.

porter fascé d'argent et de gueules ; le témoignage
irrécusable des sceaux établit au contraire qu'ils s'armaient
d'hermine, à la bande de gueules, chargée de trois
coquilles d'or (1) ; encore, ces trois dernières pièces ne
semblent-elles être qu'une brisure conservée (2), car
elles ne figurent pas sur les plus anciens sceaux. On a
prétendu que, à l'origine, le champ de l'écu était d'argent ;
les hermines auraient été concédées à cette maison par
Jean IV de Montfort en récompense de services rendus
pendant les guerres de Bretagne (3) ; cette allégation
tombe devant l'examen des sceaux : on y voit déjà les
hermines en 1226 (4). Il est à remarquer que les armes
d'Hondschoote, privées de leurs coquilles, sont semblables
à celles des sires de Stavele et de Rousbrugge ou Pont-
Rohard ; une communauté d'origine entre ces trois
maisons n'aurait rien d'invraisemblable, mais il serait
téméraire de se montrer plus affirmatif.

I. — Le premier seigneur d'Hondschoote que mentionne
l'histoire, est *Guillaume van der Moere*. Il fut présent
en 1063 à la cour plénière d'Audenarde (5), et prit part,
étant déjà bien âgé, à la première croisade (6). S'il faut

(1) Douet d'Arcq, *Sceaux des Archives*, nᵒˢ 2420, 2422, 2425 et
2426; Demay, *Sceaux de la collection Clairambault*, nᵒˢ 4706,
4707 et 4710 ; Gailliard, *l'Ancienne noblesse de la contée de
Flandres*, pp. 12 et 20. — *L'Armorial* de Navarre donne au sire
d'Hondschoote un écu « d'ermine à une bende de gueules enden-
tée » (nᵒ 1247).

(2) Labbe, *Le Blason royal des Armoiries des Roys, Reynes,
Dauphins, Fils et Filles de la maison royale de France*, p. 87.

(3) Sueyro, *Annales de Flandes*, t. I, p. 540.

(4) Douet d'Arcq, *Op. cit.*, nᵒ 2419.

(5) J.-J. Rapsaet, *Œuvres complètes*, t. I, p. 216.

(6) Meyer, *Annales Flandriæ*, fᵒ 32, rᵒ ; Malbrancq, *de Morinis*,
t. III, p. 13; Sueyro, *Annales de Flandes*, t. I, p. 127; Despars,
Chronycke van Vlaenderen, t. I, p. 233 ; Beaucourt de Noortvelde,
Jaerboeken van den Lande van den Vryen, t. I, p. 144.

en croire Lambert d'Ardres (1), la terre d'Hondschoote lui aurait été donnée par l'abbé de Saint-Vaast d'Arras, pour avoir défendu sa cause avec succès dans un duel judiciaire.

Les chroniqueurs latins et les chartes du moyen âge rendirent par *Moranus* le nom de *van der Moere*; retraduit plus tard en français, ce même nom devint *Moran*. Les annalistes du XVII° siècle, désignent généralement ainsi le premier seigneur d'Hondschoote et son successeur immédiat.

Guillaume laissa deux enfants :

1° Guillaume II qui suit ;

2° Robert. Celui-ci figure comme témoin dans trois chartes, de 1164, 1165 et 1174 (2).

II. — *Guillaume II* ne nous est également connu que par la mention de sa présence comme témoin à un certain nombre de chartes s'échelonnant de 1136 à 1168 (3).

On lui connaît trois et peut-être quatre enfants :

1° Baudouin, qui suit ;

2° Robert, sur le compte de qui nous sommes encore réduits à deux mentions dans des chartes de 1165 à 1176 (4) ;

(1) Edition Godefroy-Ménilglaise, p. 110. — On sait qu'Hondschoote est situé contre la grande Moere.

(2) Guiman, *Cartulaire de Saint-Vaast*, p. 407; *Chronica monasterii de Dunis*, p. 144; Taillar, *Notice sur l'Abbaye de Saint-Vaast*, ap. *Mémoires de l'Académie d'Arras*, t. XXXI, p. 463; *Annales du Comité Flamand*, t. V, p. 351.
La deuxième charte est pour nous fort importante à cause de la phrase suivante : « Wilhelmus et Robertus frater ejus, et tres filii ejus, Balduinus, Robertus, Wilhelmus. »

(3) *Chronic. et Chartul. S. Nicolai Furnensis*, pp. 83, 88 et 91; *Annales du Comité Flamand*, t. IV, p. 83; Guiman, *Cartulaire de Saint-Vaast*, p. 407; du Chesne, *Histoire généalogique de la maison de Guînes, Preuves*, p. 106; *Chronica Monasterii de Dunis*, p. 144; *Mémoires de l'Académie d'Arras*, t. XXXI, p. 464; Miræus, *Opera diplomatica et historica*, t. I, p. 705; t. III, p. 572.

(4) Guiman, *Cartulaire de Saint-Vaast*, p. 407; *Annales du Comité Flamand*, t. V, p. 351; *Chronic. et Chartul. S. Nicolai Furnensis*, p. 90.

3° **Guillaume**. Les chartes le signalent dès 1165 (1) ; il fut un de ceux qui, en 1197, jurèrent le traité d'alliance conclu entre le comte de Flandre et le roi d'Angleterre (2) ;

4° **Winoc**, enfin, selon M. Vansteenberghe (3), qui néglige trop souvent d'indiquer ses sources, serait encore frère de Guillaume. Il prit part à la croisade, accompagna le roi de Portugal Pedro, dans son expédition au Maroc, et se retira ensuite chez les Frères mineurs de Lisbonne (4).

III. — *Baudouin* sur qui nous ne savons encore presque rien, est également cité comme témoin dans un assez grand nombre de chartes s'échelonnant de 1163 à 1202 (5). Il épousa Mathilde, sixième fille d'Arnold de Gand, comte de Guînes et de Mathilde de Saint-Omer (6).

De lui vinrent :

1° Gautier I, qui suit ;

(1) *Chronica Monasterii de Dunis*, p. 144.

(2) Rigord, ap. Guizot, *Collection de Mémoires*, t. XI, p. 135.

(3) *Histoire de la Ville et de la Seigneurie d'Hondschoote*, p. 43.

(4) Meyer, *Annales*, f° 62, r° ; Vredius, *Flandria ethnica*, p. 568 ; Sanderus, *Flandria illustrata*, t. I, p. 58 ; Malbrancq, *De Morinis*, t. III, pp. 377 et 379 ; Despars, *Chronycke van Vlaenden*, t. I, p. 399 ; Jacques de Guise, *Histoire du Hainaut*, édit. Fortia d'Urban, t. XIII, p. 273.

(5) *Costumen ende usantien der stede ende port van Nieuport*, pp. 75 et 89 ; Meyer, *Annales*, f° 48, v° ; Malbrancq, *De Morinis*, t. III, pp. 265, 342, 358, 403 et 759 ; d'Oudegherst, *Annales de Flandre*, édit. Lesbroussart, t. II, in-fine ; *Jaerbocken van den Lande van den Vryen*, t. III, p. 193 ; du Chesne, *Histoire généalogique de la maison de Guines*, *Preuves*, pp. 106 et 130 ; Diegerick, *Inventaire analytique des Archives d'Ypres*, t. I, n° 6 ; Miraeus, *Opera diplomatica et historica*, t. II, p. 1321, t. IV, p. 24 ; *Chronic. et chart. S. Nicolai Furnensis*, pp. 90 et 214 ; *Gallia Christiana*, t. III, col. 120 ; Saint-Genois, *Monuments primitifs*, t. I, p. 470 ; de Laplane, *les Abbés de Clairmarais*, t. I, p. 289 ; Gailliard, *Bruges et le Franc*, t. II, p. 327.

(6) Lambert d'Ardres, *Chronique*, édit. Godefroy-Ménilglaise, p. 113 ; Malbrancq, *De Morinis*, t. III, p. 180 ; Carpentier, *Histoire généalogique des Pays-Bas*, t. I, 2ᵐᵉ partie, p. 135.

2° Richilde, que l'on trouve, en 1199, mariée à Hugues le Vasseur, chevalier (1).

IV. — *Gautier I*, prit part à la troisième croisade (2) et fonda, en 1204, un couvent de Trinitaires à Hondschoote (3). Il mourut la même année (4) et laissa au moins deux enfants :

1° Gautier, qui suit ;

2° Henri, prévôt de Douai, cité dans des chartes de 1237 et de 1244 (5). Cet office lui échut probablement par suite de son mariage avec Ida, fille du prévôt Gérard III, et veuve en premières noces d'Alard, sire d'Antoing et d'Epinoy (6). Il abandonna les armes d'Hondschoote, pour charger son écu d'un écusson en abîme (7). Il était veuf en 1251 et mourut probablement avant 1253 (8).

On lui connaît deux enfants :

a) N., surnommé Li Bleus, « Miles satis strenuus », qui mourut sans postérité ;

b) Lucie, qui épousa Gui de Montigny, dont elle eut deux fils et deux filles (9).

Il ne faut pas confondre cet Henri avec Guillaume d'Hondschoote qui prend, en 1239, le titre de prévôt de

---

(1) Carpentier, *Histoire généalogique des Pays-Bas*, t. II, p. 1059.

(2) Roger, *La Noblesse de France aux Croisades*, p. 211.

(3) Miræus, *Opera diplomatica et historica*, t. I, p. 740.

(4) Malbrancq, *De Morinis*, t. III.

(5) Douet d'Arcq, *Sceaux des Archives*, nos 5185 et 5186.

(6) Baudouin d'Avesnes, *Chronicon*, fos 45 et 46 ; du Chesne, *Histoire généalogique de la maison de Béthune*, p. 290 ; Demarquette, *Histoire générale du comté de Harnes*, t. I, pp. 136-137 ; F. Brassart, *Histoire du château et de la châtellenie de Douai*, t. I, p. 335.

(7) Douet d'Arcq, *l. c.*

(8) Brassart, *Op. cit.*, p. 342.

(9) Baudouin d'Avesnes, etc.

Sainte-Walburge à Furnes (1), et en 1257, celui de chapelain du pape (2). Nommé vers ce moment prévôt de Saint-Amé à Douai, il négligea d'offrir aux chanoines le *past* ou festin accoutumé. Malgré ses excuses, on saisit les revenus de la prévôté ; l'affaire ne se termina, par une transaction, qu'en 1269. On ne sait de qui ce Guillaume était fils (3).

V. — *Gautier II*, fils de Gautier I, lui succéda. Il fut avec Héribert de Wulveringhem un des principaux chefs des Blaevoetins (4). Tous deux battirent en 1206 les troupes de la comtesse Mathilde (5) et vinrent ensuite mettre le siège devant Bergues qui tenait pour les Ingrekins ; une vigoureuse sortie des assiégés les contraignit à se retirer avec de grosses pertes. La paix cependant ne fut conclue que l'année suivante. Les chefs des révoltés furent exilés (6), mais il faut croire que Gautier bénéficia d'une mesure spéciale ou tout au moins que son exil ne fut pas de longue durée, car on le voit en 1214, jurer l'acte par lequel la comtesse promet au roi de France de démolir les forteresses de Valenciennes, Ypres, Audenarde et Cassel (7). En 1220, de concert avec sa femme Adélaïde,

(1) *Eglise de Sainte-Walburge à Furnes*, p. 75.

(2) *Ibid*, p. 81.

(3) Le Glay, *Mémoire sur le chapitre de Saint-Amé*, ap. *Mémoires de la Société de Douai*, 2ᵉ série, t. IV, p. 117 ; Id., *Cameracum Christianum*, p. 108 ; de Franciosi, *Notes sur la collégiale de Saint-Amé de Douai*, pp. 59 et 60.

(4) Meyer, *Annales*, fᵒ 6 vᵒ ; Malbrancq, *De Morinis*, t. III, p. 381 ; d'Oudegherst, *Annales de Flandre*, édit. Lesbroussart, t. II, p. 39.

(5) Lambert d'Ardres, p. 383.

(6) Meyer, *Annales Flandriæ*, fᵒ 64, rᵒ ; Sanderus, *Flandria illustrata*, t. III, p. 296 ; Pauwel Henderiex, *Jaerboecken van Veurne*, t. I, p. 109 ; Despars, *Chronycke van Vlaenderen*, t. I, p. 399 ; Warnkoenig, *Histoire de Flandre*, trad. Gheldolf, t. I, p. 216.

(7) Duchesne, *Histoire généalogique de la maison de Guines, Preuves*, p. 476 ; Warnkoenig, *Histoire de Flandre*, t. I, pp. 347-348 ; Goethals, *Dictionnaire généalogique*, t. II, vᵒ Gavre.

son fils aîné Jean et ses autres héritiers, il dota de diverses terres le couvent des Trinitaires d'Hondschoote (1). Il fut encore, en 1226, l'un des garants pour la mise en liberté du comte Ferrand (2).

De lui vinrent :

1° Jean, qui suit ;

2° Henri, qui figure comme témoin dans une charte de 1226 (3) ; il promit, en 1244, d'observer le traité conclu entre saint Louis et le comte de Flandre (4).

3° Philippe, qui est cité dans des chartes de 1236 (5) et de 1242 (6) ; il signa, en 1237, des lettres relatives à l'exécution de la convention de Compiègne (7) et fit, en 1244, la même promesse que son frère.

4° Guillaume, qui épousa Mahaut d'Ablaing. Il en eut une fille, Ysabeau, mentionnée dans une charte de 1255 (8).

On trouve à la même époque mention de deux autres personnages du nom d'Hondschoote, et dont il nous a été impossible d'établir la filiation. Gautier jura, le 25 décembre 1226, d'observer le traité qui rendait le comte de Flandre à la liberté (9) ; Jean cité dans une charte

(1) Mirœus, *Opera diplomatica et historica*, t. I, p. 740.

(2) Warnkoenig, *Histoire de Flandre*, t. III, p. 334.

(3) A. Demarquette, *Histoire générale du comté de Harnes*, t. I, p. 114.

(4) Goethals, *Dictionnaire généalogique*, t II, v° Gavre ; Warnkoenig, *Histoire de Flandre*, t. III.

(5) Carpentier, *Histoire généalogique des Pays-Bas*, t. II, p. 415.

(6) *Prieuré de Saint-Bertin, à Poperinghe*, p. 270.

(7) Warnkoenig, *Op. cit.*, t. III, p. 339 ; Douet d'Arcq, *Sceaux des Archives*, n° 2426.

(8) Carpentier, *Histoire généalogique des Pays-Bas*, t. I, 2° partie, p. 54 ; du Chesne, *Histoire généalogique de la maison de Béthune*, p. 299. — Ce Guillaume nous paraît devoir se rattacher à la terre d'*Hondescote* à Ablain, canton de Vimy et lui avoir donné son nom. Voir ci-devant.

(9) Douet d'Arcq, *Sceaux des Archives*, n° 2419.

de 1236 (1), donna, l'année suivante, caution pour une personne qui nous est inconnue (2). Il est à noter que tous deux portent sur leur sceau un écu d'hermine à la bordure ; on en peut induire qu'ils appartenaient à une branche spéciale.

VI. — *Jean* était déjà seigneur d'Hondschoote en 1236, année où il donna sa garantie à la convention de Péronne (3). Il signa en 1254 avec l'église de Watten un accord aux termes duquel les hôtes d'Hondschoote devaient payer à celle-ci, pour relief de leurs terres, la valeur de deux années de rente (4).

Il eut pour femme Isabeau... (5).

VII. — *Guillaume*, son fils, lui succéda. Les renseignements sont encore plus rares sur son compte que sur celui de ses prédécesseurs. Nous savons seulement qu'il épousa N. de Beveren, deuxième fille de Thierry, seigneur de Dixmude et d'Ade de Coucy (6) ; il en eut une nombreuse postérité (7), mais nous ne connaissons avec certitude qu'un seul de ses descendants, Pierre.

Vers cette époque, nous trouvons encore quelques personnages de la même famille qui semblent avoir joué un certain rôle dans les guerres de Flandre, mais dont la filiation est enveloppée d'une obscurité presque complète.

Nous regarderions assez volontiers Gautier, Guillaume

(1) Carpentier, *Histoire généalogique des Pays-Bas*, t. II, p. 415.

(2) Douet d'Arcq, *Sceaux des Archives*, n° 2424.

(3) Warnkoenig, t. III, p. 337.

(4) *Annales du Comité Flamand*, t. V, p. 317.

(5) Id. *Ibid.*

(6) Bauduin d'Avesnes, *Chronicon*, n° 29 ; Carpentier, *Op. cit.*, t. I, 2° partie, p. 54.

(7) « Multiplicem prolem tulit », dit Malbrancq, *De Morinis*, t. III, p. 732.

et Thierry de Hondschoote, qui s'engagèrent en 1275, à servir le roi de France contre Guy, comte de Flandre (1), comme trois frères de Pierre. La même année un Pierre d'Hondschoote fait isolément une promesse semblable, mais l'écu d'hermine à la bordure que porte son sceau ne permet pas de le confondre avec le précédent (2) ; il appartenait sans doute à la branche de Jean et de Gautier mentionnées à la page 12.

En 1278, trois de nos quatre personnages, Gautier, Thierry et Pierre, donnent des lettres de garantie au sujet de l'exécution des traités conclus entre la France et la Flandre (3). A côté d'eux figure un Jean d'Hondschoote.

VIII. — *Pierre* contribua grandement, suivant Malbrancq, à l'illustration du nom d'Hondschoote (4), mais nous ne savons absolument rien de ses exploits. Il fut, en 1287, témoin à la protestation de Gui de Dampierre contre le légat du pape, Jean, évêque de Tusculum (5), et laissa au moins deux enfants :

1º Gautier, qui suit ;

2º Jean, qui épousa N. de Montchablon, fille de Gobert et d'Ade de Beveren (6).

Ce Jean, ainsi qu'un Baudouin et un Thierry d'Hondschoote, se signalèrent par leur fidélité au comte de Flandre, dont Gautier avait trahi la cause (7). Thierry, qui portait d'hermine à la bordure engrêlée, et se ratta-

(1) Douet d'Arcq, *Sceaux des Archives*, nº 2420,

(2) Id., *Ibid.*, nº 3427.

(3) Warnkoenig, *Histoire de Flandre*, trad. Gheldolf, t. III, pp. 351-352.

(4) *De Morinis*, t. III, p. 732.

(5) Saint-Genois, *Monuments anciens*, t. I, p. 747.

(6) Malbrancq, *De Morinis*, t. III, p. 732.

(7) Gailliard, *Bruges et le Franc*, t. I, p. 447 ; Kervyn de Letten-hove, *Histoire de Flandre*, t. II, p. 97.

chait sans doute à la seconde branche, signa, en 1297, la capitulation de Lille (1) ; il combattit à Courtrai en 1302 et se porta garant de la capitulation accordée par les comtes de Namur et de Juliers aux seigneurs français (2). On le retrouve encore l'année suivante à l'expédition d'Arques (3).

Quant à Jean, nous savons seulement qu'il se trouvait à la bataille de Courtrai (4).

IX. — *Gautier III* reçut, le 16 octobre 1292, 2.200 livres parisis des Crespinois et autres habitants d'Arras pour lesquels il s'était porté caution (5). Au commencement de 1294 il fut, avec Gautier de Nevele, député par les barons flamands vers Philippe le Bel pour obtenir la mise en liberté de Gui de Dampierre (6).

S'il faut en croire le frère mineur de Gand, sa trahison aurait amené, en 1297, la reddition de Lille (7). Nous le voyons cependant en 1300, accompagner le comte de Flandre à Paris lorsqu'il vint se livrer à Philippe ; il fut emprisonné avec lui (8). Au mois d'avril 1303 (v. s.), on

---

(1) Douet d'Arcq, *Sceaux des Archives*, n° 2428.

(2) Meyer, *Annales*, f° 93, r° ; Marchant, *Flandriæ Commentar.*, lib. IV, p. 245 ; Despars, *Chronyoke van Vlaenderen*, t. II, pp. 87-96 ; Gachet, ap. *Bulletins de la Commission royale d'Histoire de Belgique*, 2° série, t. II, pp. 14-16.

(3) Meyer, *Annales*, f° 97, v°.

(4) Kervyn de Lettenhove, *Histoire de Flandre*, t. II, p. 97.

(5) *Statistique archéologique du département du Nord*, t. I, p. 245 ; *Annuaire du département du Nord*, 1834, p. 68.

(6) Kervyn de Lettenhove, *Histoire de Flandre*, t. II, p. 37 ; Edw. Le Glay, *Histoire des comtes de Flandre*, t. II, p. 168.

(7) *Corpus Chronicorum Flandriæ*, t. I, p. 300.

(8) Meyer, *Annales*, f° 88, r° ; Kervyn de Lettenhove, *Histoire de Flandre*, t. II, p. 37 ; Edw. Le Glay, *Histoire des comtes de Flandre*, t. II, p. 168 ; Gailliard, *Bruges et le Franc*, t. III, p 4 ; Despars, *Chronyoke van Vlaenderen*, t. II, p. 52 ; Custis, *Jaerboecken der Stadt Brugge*, t. II, p. 260.

le voit céder à Gilles Aiscelin, archevêque de Narbonne, pour le prix de 3000 livres, une rente de 500 livres sur le Trésor, que lui avait octroyée le roi de France. Au mois de mars 1306, Philippe le Bel lui accorde encore 1.500 livres de rente sur le Trésor, dont il céda 250 livres au même archevêque de Narbonne en 1309 (1). En 1314, il semble avoir reçu une indemnité spéciale pour les dommages que lui avait occasionnés la guerre de Flandre (2) ; on le trouve la même année à Saint-Omer, dans la bataille du comte de Saint-Pol, avec un chevalier et onze écuyers (3). Deux ans après, Philippe le Long lui fait encore don d'une rente de 1.400 livres sur le Trésor, reversible sur la tête des ses hoirs, mais avec cette condition, que s'il ne laissait pas de fils, le roi ou ses successeurs pourraient racheter ladite rente, moyennant la somme de 6.000 livres (4).

Il avait épousé en 1300 (5) Jeanne de Haverskerque : il ne vivait plus en 1318, lors du mariage de sa fille aînée. De lui, vinrent deux fils et quatre filles (6).

1º Gautier IV, qui suit ;

2º Thierry, qu'on regarde parfois à tort comme fils de Gautier IV, et qui suit également ;

3º Alix, qui épousa en 1314, Gautier de Lor, fils de Renaud, seigneur de Lor. Au contrat de mariage, figurent comme parents paternels, Robert de Fiennes, Philippe

---

(1) Du Chesne, *Histoire généalogique de la maison de Béthune*, p. 300, et *Preuves*, p. 185.

(2) Demay, *Inventaire des sceaux de la collection Clairambault*, nº 4705.

(3) Le comte de Brandt de Galametz, *Compte de Guy Flourent, trésorier du roi de France*, p. 5.

(4) Du Chesne, *Histoire généalogique de la maison de Béthune*, p. 300, et *Preuves*, p. 185.

(5) Carpentier, *Histoire*, t. II, p. 669.

(6) Id., *ibid.*

d'Axele, Thierry de Beveren, châtelain de Dixmude et Gérard de Rasseghem ; du côté maternel, Jean de Haverskerque, sire de Watten, Jean de Saint-Omer, sire de Piennes, Aleaume de Brequin, Philippe de Haverskerque et Ysoré de Piennes (1) ;

4° Marie ;

5° Jeanne ;

6° Mahaut.

X. — *Gauthier IV* a dû naître vers 1317 (2).

Un Gautier d'Hondschoote fut plège au traité conclu le 31 mars 1336 entre le comte de Flandre et le duc de Brabant, mais on ne pourrait affirmer qu'il s'agit ici de notre Gautier (3).

Gautier épousa en premières nôces Marie ou Mahaut de Béthune, qui lui apporta en dot les seigneuries de Locres et de Hébuterne (4). Suivant du Chesne (5), Imhof (6) et Moreri (7) ; elle aurait survécu à son mari, et se serait remariée à Philippe de Maldeghem. Des témoignagnes plus dignes de confiance nous montrent au contraire Gautier épousant en secondes nôces Béatrix de Beaussart, fille de Robert, seigneur de Wingles, connétable de Flandre, et de Laure Mauvoisin de Rosny (8).

Il mourut avant la fin de 1376, car nous voyons le

<hr>

(1) Id., *Ibid.* ; Carpentier, *Histoire généalogique des Pays-Bas*, t. II, p. 670.

(2) Id., *Ibid.* — Il semble bien résulter du texte de la constitution de rente de 1316, que Gautier III n'avait alors que des filles.

(3) Willems, *Chronique rimée de Jean de Klerk*, t. II, p. 452.

(4) Du Chesne, *Histoire généalogique de la Maison de Béthune*, p. 298.

(5) Id., *Ibid*, p. 301.

(6) *Excellentium familiarum in Gallia Genealogiæ*, t. II, tab. XXVII.

(7) *Le Grand Dictionnaire historique*, v° Béthune.

(8) Goethals, *Mélanges*, p. 169.

18 décembre de cette année, Béatrix remariée à Hugues de Melun, seigneur d'Antoing, faire accord avec sa sœur sur la succession de son père (1) ; son second mari mourut en 1410 ; elle vivait encore en 1418 (2).

X. — *Thierry* aurait été, suivant plusieurs auteurs, fils et non frère de Gauthier (3) ; cette opinion est absolument inconciliable avec un acte du 10 octobre 1378, mentionné par dom Cafflaux, constatant un accord intervenu entre elle et messire Thierry de Hondescot, frère et héritier dudit feu Watier (4). Il est à noter de plus, que la bande qui traversait son écu était chargée de trois annelets ou de trois besants, et non de trois coquilles, ce qui indique bien un cadet (5).

En 1379, il défendit Audenarde contre les communes (6) ; l'année suivante, il prit part à la poursuite des Anglais (7) ; on le trouve encore en 1382, combattant à Rosebecque, sous la bannière de France (8). A partir de cette époque, il n'est plus question de lui.

Il avait épousé avant 1373 (9), Jeanne de Flandre,

(1) Dom Cafflaux, *Trésor généalogique*, t. I, p. 734.

(2) Goethals, *Mélanges*, p. 169.

(3) Goethals, *Mélanges*, p. 169 ; Du Chesne, *Histoire généalogique de la Maison de Béthune*, p. 800.

(4) Dom Cafflaux, *Trésor généalogique*.

(5) Demay, *Inventaire des sceaux de la collection Clairambault*, n° 4710.

(6) Meyer. *Annales*, f° 172, v° ; Sueyro, *Annales de Flandes*, t. I, p. 572 ; Kervyn de Lettenhove, *Histoire de Flandre*, t, II, pp. 447 et 484 ; Despars, *Chronycke van Vlaenderen*, t. II, p. 507.

(7) Demay, *Inventaire des sceaux de la collection Clairambault*, n° 4710.

(8) *Corpus Chronic. Flandriæ*, t. III, p. 278 ; Roger, *Noblesse et chevalerie du comté de Flandres*, p. 156.

(9) Il est mentionné avec sa femme dans une charte de cette année. — Prudent Van Duyse, *Inventaire des Archives de la ville de Gand*, p. 153 ; De Baecker, *Les Flamands de France*, p. 182.

septième enfant illégitime de Louis de Male ; elle le rendit père d'une seule fille (1).

XI. — *Jeanne*, qui épousa successivement :

1° Jean, sire d'Offignies et de Boulainvilliers, vicomte d'Aumale, fils de Jean d'Offignies et de Béatrix de Châtillon. Il vivait encore au mois d'août 1400 (2).

2° Arnoul de Hornes, sire de Montcornet, Baucignies, Hees, Leende, Herstal, etc., lieutenant de la Cour féodale de Brabant, fils de Thierry de Hornes et d'Isabeau de Montigny en Ostrevant. Il mourut en 1404 (3).

3° Antoine de Craon, seigneur de Beauverger, conseiller et chambellan du roi et du duc de Bourgogne, grand panetier de France, gouverneur de Soissons, fils aîné de Pierre de Craon, seigneur de la Ferté-Bernard et de Jeanne de Châtillon. Ce mariage eut lieu en 1405 (4).

Antoine, qui avait pris le titre de sire d'Hondschoote, périt à Azincourt (5).

C'est par suite du deuxième mariage, nous l'avons déjà fait observer, que la seigneurie d'Hondschoote entra dans la maison de Hornes.

(1) Meyer, *Annales*, f° 200, 2° ; Vredius, *Genealogia comitum Flandriæ*. Preuves, p. 289 ; Sueyro, *Annales de Flandes*, t. I, p. 607 ; Oudegherst, *Annales de Flandre*, éd. Lesbroussart, t. II, p. 500 ; Despars, *Chronycke van Vlaenderen*, t. III, p. 114.

(2) Carpentier, *Histoire généalogique des Pays-Bas*, t. II, p. 480 ; *Recueil de familles des Pays-Bas*, p. 334 ; du Chesne, *Histoire généalogique de la maison de Béthune*, p. 303.

(3) Mirœus, *Opera diplomatica et historica*, t. I, p. 470 ; Carpentier, *Histoire généalogique des Pays-Bas*, t. II, p. 806 ; *Tablettes historiques et généalogiques*, t. V, p. 237 ; *Recueil de familles des Pays-Bas*, p. 334 ; Goethals, *Histoire généalogique de la maison de Hornes*, p. 220.

(4) Du Chesne, *Histoire généalogique de la maison de Béthune*, p. 304 ; de Belleval, *Azincourt*, p. 180.

(5) Meyer, *Annales*, f° 247, r° ; Roger, *Noblesse et chevalerie du comté de Flandre*, p. 178 ; Kervyn de Lettenhove, *Histoire de Flandre*, t. III, p. 147.

Outre les personnages que nous venons d'énumérer, il en est quelques autres dont le nom a été conservé, mais dont la filiation nous est complètement inconnue. Les voici, rangés par ordre alphabétique :

Baudouin d'Honschoote, moine à Clairmarais sous l'abbé David de Saint-Omer, 1196 (1).

Baudouine, religieuse à l'abbaye de Rousbrugge (2).

Guillaume, secrétaire du comte de Guînes, en 1218 (3).

Jean, cellerier de l'abbaye des Dunes, sous l'abbé Guillaume de Hulst (premier quart du XIVᵉ siècle) (4).

Mathieu, époux de Jeanne de Néelle-Aumale, fille de Jean, seigneur du Quesnoy et de Chavigny, et de Jeanne de Soissons-Moreuil (5).

Ogive, vivant en 1183 (6).

N... épouse de Louis van der Burch, chevalier, grand bailli de Furnes, fils de Jean, seigneur de Burch et de N... de Ghistelles (7).

N... épouse de N..., seigneur d'Herzeele (8).

Il ne serait pas impossible enfin, qu'une Hondschoote eût épousé un Clocman de Gand, car cette famille porte : écartelé : aux 1ᵉʳ et 4ᵉ d'argent, à la hamaide de trois pièces de gueules ; aux 2ᵉ et 3ᵉ d'hermine, à la bande de gueules chargée de trois coquilles d'argent (9).

(1) De Laplane, *Les abbés de Clairmarais*, p. 95.

(2) Sanderus, *Flandria illustrata*, t. II, p. 849.

(3) Bernard, *Histoire de Calais*, p. 158 ; Lefebvre, *Histoire de Calais*, t. I, p. 637 ; du Chesne, *Histoire généalogique de la maison de Guînes*, Preuves, p. 273.

(4) *Chronic. Abbatiæ de Dunis*, p. 70.

(5) Carpentier, *Histoire généalogique des Pays-Bas*, t. I, 2ᵉ partie, p. 185.

(6) *Chronic. Monasterii Everhamentis*, fᵒ 70.

(7) Goethals, *Dictionnaire généalogique*, t. I, vᵒ Burch ; Ducas, *Chapitres nobles de dames*, p. 54.

(8) *Esquisses généalogiques*, p. 73.

(9) J. Huyttens, *Recherches sur les corporations gantoises*.

La généalogie de la maison de Hornes, a été trop souvent publiée pour qu'il soit utile de la donner ici ; nous croyons que la charte suivante, en revanche, fréquemment citée (1) mais encore inédite, n'est pas sans intérêt pour l'histoire d'Hondschoote :

Lettres de Philippe le Bon érigeant Hondschoote en seigneurie de haute justice (Bruxelles, 1430).

« Philipe, par la grace de dieu, duc de Bourgoingne de Loth(ie)r de Brabant et de Limbourg, Conte de flandres dartois de Bourgoingne Palatin et de Namur Marquis du saint empire; seigneur de Salins et de malines. Savoir faisons a tous p(rése)ns et auenir que tant a lumble suppl(icat)ion de n(ost)re ame et feal ch(eua)l(ie)r conseillier et chambellan, mess(ire) Jehan de Horne, seigneur de Baussaignies et pour considération des grans et notables s(e)ruices quil nous a fais continuelm(en)t depuis son enfance et fait encores de jour en jour a tresgrant soing cure et diligence, com(m)e pour la bonne et singuliere affection que alui auons lequel en sa jonesse a este nouruy auec nous et moyennant la som(m)e de huit mil liures paris(is) mon(oye) de no(str)e pouys de flandres que par traitie precedent Il a pour nous baillie et deliure comptant a n(ost)re ame et feal conseillier et Receueur general de flandres Gautier poulain qui s(er)a tenu den faire Recepte a n(ost)re p(ro)uffit pour emploier en noz affaires meismem(en)t en paiem(en)t de gens darmes et de trait estant au siege que faisons tenir deuant la ville de Compiengne Auon pour nous noz hoirs et

(1) Marchantius, *Flandriæ Commentar. libri IV*, p. 92; Sueyro *Annales de Flandes*, t. II, p. 243 ; *Archives historiques du Nord de la France*, t. III, p. 100 ; *Annuaire du Département du Nord*, 1835, p. 51.

successeurs Contes et Contesses de flandres vendu ottroye
cede delaisse et transporte et de n(ost)re certaine science
plaine puissance et grace esp(eci)al vendons cedons de
laissons et transportons au deuant nom(m)e mess(ire) Jehan
n(ost)re conseillier et chambellan et a ses hoirs successeurs
et ayans cause p(er)pétuelment et atousiours toute justice
haulte moyenne et basse en et partout la ville et proische
de Hondescote, la quelle peut valoir selon ce que par les
gens de noz comptes a lille et autres noz gens et officiers
qui de n(ost)re com(m)andement sen sont infourmez auons
sceu de cent et cinquante a deux cents livres paris(is)
monn(oye) d(i)te p(ar) an pourpar le dit mess(ire) Jehan
et ses diz hoirs successeurs et ayans cause en joir plai-
nement et entierem(en)t com(m)e de leur chose p(ro)pre
bien et seurrement acquise En donnant plain pouuoir et
autorité au deuant nom(m)e mess(ire) Jehan et a ses hoirs
et successeurs ou ayans cause, de creer mettre et instituer
bailly esch(eu)ins cueriers et au(tr)es justiciers et officiers
quelxconques en lad(ijt)e ville et proische de Hondescote
pour cognoistre et adreschier de tous cas et deliz, qui
pour le temps auenir pourront escheoir en icelle ville
ainsi que les cas le requerront et que la coustume de
n(ost)re chastellenie de Berghes en laq(ue)lle la d(ic)te
ville est scituee et assise a donne ce que autres haults
justiciers tenus de nous a cause de la pierre de Berghes
peuent et doiuent cognoistre selon icelle sans ce que
n(ost)re bailli de Berghes ne autres noz justiciers ou
officiers quelxconques y pussent auoir cognoissance ou
adreschement daucun cas app(ar)ten(ant) a Justice haulte
moyenne et basse pour icelle haulte Justice moyenne et
basse tenir de nous a cause et mouuant de n(ost)re
d(ic)te pierre de Berghes a di liures de Relief toutes les
fois que le cas escherra, Res(er)ue a nous et a noz hoirs
et successeurs le Ressort et souueraineté tel que nous

lauons sur les tenemens dautres hautes justices ten(ues)
dicelle pierre de Berghes et aussi la cognoissance des cas
p(ri)uilegiez a nous et aux gens de n(ost)re conseil de
flandres p(ar)eillement com(m)e en auons usé et usons en
n(ost)re di(ct)e chastellenie de Berghes Res(er)ue aussi a
nous et a nos diz hoirs et successeurs les ottroys des assiz
en icelle ville, et pourueu que les manans et habitans
de lad(ic)te proische contribueront a tous i cours mais en
tous drois aydes subvencions et courtoisies que les
habitans de la chastellenie de Berghes feront dores en
avant a nous et a nos diz successeurs contes et contesses
de flandres selon lestat et faculte de leurs b(ie)ns et qui
p(ar)eillem(en)t jlz paieront leur part et portion des
assietes qui se feront pour la Retenue et Refection des
escluses et watringhes et aut(re)s despens du pais,
ainsi quilz font p(rese)ntement et sont accoustumez de
faire p(ar) u cydeuant pourueu aussi que le dit messire
Jehan ne ses hoirs et successeurs ne pourront lad(ict)e
ville fortiffier autrement quelle est ap(rese)nt, delaquelle
justice haulte moyenne et basse ledit mess(ire) Jehan et
ses hoirs ou ayans cause s(e)ront tenuz de faire foy et
hom(m)age a nous et a noz diz successeurs ainsi que a tel
cas app(ar)tient. Si donnons en mandement a noz amez et
feaulx les gens de n(ost)re conseil a Gand et de noz
comptes à Lille A n(ost)re Receveur gen(er)al de flandres
et n(ost)re bailli de Berghes et a tous noz autres Justiciers
et officiers p(res)ens et auenir leurs lieuxten(ans) a qui
il peut ou pourra touchier et ch(ac)un deulx si comme
celui app(art)iendra que de n(ost)re p(rese)nte grace
vendicion ottroy cession et transport de la haulte justice
moyenne et basse en et p(ar)tout lad(i)te proische,
delaquelle lui baillons la possession par la tradicion de
ces p(rese)ntes, laissent facent ne souffrent ledit mess(ir)e
Jehan et ses hoirs et successeurs ou ayans cause paisi-

blem(en)t et plainem(en)t joir et user p(er)petuelment et a
tousiours, sans contre la teneur de ces p(rese)ntes leur
faire ou donner ne souffrir estre fait ou donne aucun
destourbier ou empeschement au contraire ores ne pour
le temps auenir Et n(ost)re dit bailli de Berghes mettre
ledit messire Jehan et Recoure par loy au dit flef, en
luy faisant faire se(r)ment de feaulte adioustees en ce
les solemnitez accoustumées et qui y app(ar)tienn(en)t.
Et affin que ce soit chose ferme et estable a tousioursmais
Nous auons fait mettre n(ost)re scel a ces p(rese)nts
Sauue en autres choses n(ostr)e droit et la utruy en en
toutes. Donne en n(ost)re ville de Bruxelle l'an de grace
mil quatre cens trente.

(Fragment du scel de Philippe le Bon en cire verte
pendant à des lacs de soie verte et rouge).

Sur le pli se trouve cette double apostille :

Par mons^r le Duc,
levesque de Tournay vous
et le seign(eu)r de Roubaix
p(rese)ns
Vand..., avec paraphe.

VISA

Le vendredy xxij jour
de decembre lan mil cccc
et trente fu ceste charte
enregistree en la chambre
des comptes de Mons. le
duc de bourg^{ne} de loth(ie)r
de Brabant et de lembourg,
conte de flandres dartois
de bourg^{ne} et de namur.
A Lille En un registre
jlleciestant en commenc o
ou mois de septembre lan
mil cccc et vingt neuf folio
xxxj.

AUBERT.

Au dos, on lit :
Les gens du conseil et de comptes de mons^r le duc de
Bourgoingne de loth(ie)r de Brabant et de lembourg Conte

de flandres dartois de bourgoingne de haynau de hollande
de zellande etde Namur ordonnez en flandres Receveur
g(e)n(er)al de flandres Bailli de Berghes et tous aut(re)s
justiciers et offic(ier)s quelxconques du dit pays de flandres
accomplis(sez) gardez et entretenez le contenu au blan
de ces p(resen)tes, en faisant et souffrant mess(ir)e Jehan
de Horne seigneur de baussingnies et ses hoirs et
successeurs ou ayans cause paisiblem(en)t et plainem(en)t
joir et user p(er)pétuelm(en)t et a tousiours de la haulte
justice moyenne et basse en et p(ar)tout la ville et proisse
de Hondescote, selon et p(our) la somme et manie(re)
q(ue) mo(n) dit sr un le veult et mande p(ar) le contenu
ou dit blanc estre fait sans contre le dit contenu faire ne
souffrir estre fait ores ne pour le temps advenir aucun
destourbier ou empeschem(en)t au contraire. Escript
quant a nous gens en la chambre du conseil a gand le
xe jour de novembre lan mil cccc trente cinq de quant à
nous gens des comptes en la chambre des comptes le (1).

Signé avec paraphe : *Illisible.*

(Original appartenant à A. Bonvarlet).

*Récépissé délivré par les bailli et hommes de fief de la Cour
féodale du Perron de Bergues de l'hommage rendu par Jean
de Hornes après l'érection d'Hondschoote en seigneurie de
haute justice (2 novembre 1430).*

Je Michel Paeldinc, Baillieu van Berghen ende wettelycken maenre van den mannen van leene myns gheducten
heeren, myns heeren s'hertogen van Bourgoingnien,
Grave van Vlaenderen van syne steene te Berghen ende
wy Gillis van Capple, Olivier Bavelaert, Jean Gluvin,

(1) Cette date n'a pas été remplie.

Jean Vanderweghesehede, Philips van Warhem, Jean Vandenbuschen, Robert van Ryssele, Edmond van den Boemgaerde, Michiel de Jonghe, Willem Raes, Jan de Neve, Lauwer Spreeuwer, Ende Pauwel Weysin, mannen van leene ons voorschreven gheducts heiren van Zynen voorseide steene te Berghen, Kennen ende doen te wetene alle den gheener die dese presente letteren sullen sien ofte hooren lesen, dat op den dagh van heden, voor ons baillieu ende mannen voornoemdt comen is in ghemaeckten hove binnen der steene van Berghen, gemaect in tyden ende in wylen, in propren persoone Edele ende moghende here mynheer Horne, here van Bassingnie van Heze ende van Leende, toghende zekere uuthangende ende opene letteren van onse voorseyde gheducten heeren gezegelt met zynen grooten zeighel in groenen wasse ende met coorden van zyde in houdenden hoe dat hy over hem ende over zyne hoirs ende naer commers graeven ende graefvenden van vlaenderen by zyne mogentheyt ende speciale gratie mynheer van Horne voorseydt zyne hoirs ende naer commers of cause hebbende voorzien, overghe-geven ende vercocht hadde t'ecuwelycken daghe, alle heerschepie ende justicie, hooghe, middele ende neerdere de gheele prochie van Hondtschote gedurende omme die t'sine gehouden in eene manschepe te leend van onsen voornsemden geducten heeren van zynen hoirs ende naer commers graven ende graefvenden van vlaenderen, van zyne selve steene te Berghen, by den voorseyden M. Janne van Horne, by zynen hoirs ende maer commers ofte cause hebbende t'eeuwelycken daeghe, bad ende versochte aewons bailliu ende mannen vorengenaemd onzen voorscreven gheducten heeren letteren gheexcuteert ende vulcomen hubbende, ende dat men hem wet wilde doen, als waer by dat hy ter possessie ende saisine van den voorseyden leene van hooghe justicie middele ende nedere van den voornoemde prochie van Hondschote, gestellet mochte syn gelyck ende inder manieren dat de voorseyde letteren van onse voornaemden geducten heeren verclaersen ende mencioen maecken van welcken t'inhouden van woorde te woorde hier naer volght :

(Ici se trouve inséré le texte des lettres de Philippe le Bon, que nous avons données ci-dessus, d'après l'original, et que nous ne reproduirons pas une seconde fois).

VISA. By viertute van welcken ons voorseyde geducten heeren Letteren inde omme t'inhouden van dien deughdelyck te vulcommen zoo veele wettelyckhede geschieden ende gedaen was in 't voorseyde hof ter manige van' my bailliu ende by vonnessen van ons mannen vorenghenoemde dat mynheer Jan van Hoorne voorseydt heere van Bassignies van heze ende van leende, wel inde wettelycke gestellet was in grossessien ende saisinen van alle der justicie hooghe middele ende nedere van der vooren genoomder prochie van Hondtscotte ende dat met alle de wettelycken maninghen, vonnissen ende solemniteden die daer toe behoorden gedaen tsyne by rechte naer costumen ende usagen van den hove van den steene van Berghen voorseydt omme de voorseyde justicie hooghe middele ende nedere tsyne gehouden in een manschepe te leene by den zelve mynheer Janne Van Hoorne zyne hoirs ende naer commers ofte cause hebbende van onse voorseyde geducten heeren van synen hoirs ende naer commers graeven ende graefvenden van Vlaenderen van zyne steene te Berghen t' euwelycken daghen gelyck in der manieren dat de letteren van onsen boven ghn. gheducten heere boven verclaert inhouden ende ten vullen mencioen maecken altoos in allen saecken behoudens ons voorseyde gheducten heeren rechte ende elckanders ende met Janne voornaemd aldus in possessien gestelllet zynde van de voornoemde justicie hooghe, middele en nedere' van den prochie van Hondtscotte voorseyt dede daer af foyaulteidschep met alle den bilasten die daer toe behouden gedaen tzyne in den handen van my bailliu voorseidt zoo verre dat te mynre manynghe ende by vonnissen van ons manne voorseydt hy wettelyck man van Leene bekent was ten selven hove, ende omme dat alle dezen vooren geleiden zaecken wel ende wettelyck leeden syn ende vulcommen ter maninghe van my Bailliu ende mannen vooren verclaert desen presenten letteren ghezeghelt uthanghende met onsen propren zeghele, den tweesten daeghe van novembre in 'tjaer ons Heeren duzentick vier hondert ende dartyck. et sur le ploy des Lettres originales de Monsieur incorporées ès Lettres de loy ci dessus enregistrées et escript ce qui s'ensuit : le vendredy vingt deux jour de décembre mil quatre cent trente fut cette chartre enregistrée en la chambre des comptes de Monsieur le duc de Bourgoingne, de Lothier, de Brabant, et de Limbourg, Contes de Flandres d'Artois de Bourgogne et de Namur à Lille en ung registre illec étant en commenchié au mois de septembre mil quatre cens vingt-neuf, fol° xxxij°. J. AUBERT.

(Archives départementales du Nord, 9° Registre des chartes).

L'un de nous a dû communication de cette pièce à la libérale amitié de feu M. Ignace de Coussemaker, vice-président du *Comité Flamand*.

Il est assez singulier qu'une terre de l'importance de celle d'Hondschoote ait joui aussi tardivement du droit de haute justice. On peut se demander si les premiers seigneurs, après en avoir été investi dès l'origine, ne l'auraient pas perdu à la suite de quelque méfait grave, tel, par exemple, que leur participation à la révolte des Blavoetins. Il y a lieu d'ajouter ici que, malgré les termes en apparence si précis des lettres de Philippe-le-Bon, la seigneurie d'Hondschoote ne comprenait pas toute la paroisse, où l'on trouvait notamment encore une branche assez considérable de la seigneurie dite la Prévôté de Saint-Donat, appartenant au Prévôt de l'église de ce nom à Bruges, lequel était chancelier perpétuel de Flandre et possédait dans la châtellenie de Bergues de grands droits féodaux, régis, tout comme la seigneurie d'Hondschoote et parallèlement à celle-ci, par des coutumes particulières qui furent, l'une comme l'autre, révisées et homologuées dans les premières années du XVIIe siècle. Nous croyons inutile de faire observer qu'à cette dernière époque la Prévôté de Saint-Donat appartenait à l'évêque de Bruges, et que le fait subsista jusqu'à la Révolution.

LILLE. — IMP. VICTOR DUCOULOMBIER, RUE DE L'HÔPITAL-MILITAIRE.

Contraste insuffisant

NF Z 43-120-14

www.ingramcontent.com/pod-product-compliance
Lightning Source LLC
Chambersburg PA
CBHW071422030726
47594CB00006B/2537